Impressum
Verlag: BABADADA GmbH, Nedderfeld 112 , 22529 Hamburg
Geschäftsführer / Verlagsleitung: Harald Hof
Druck: Books on Demand GmbH, In de Tarpen 42, 22848 Norderstedt

Imprint
Publisher: BABADADA GmbH, Nedderfeld 112 , 22529 Hamburg, Germany
Managing Director / Publishing direction: Harald Hof
Print: Books on Demand GmbH, In de Tarpen 42, 22848 Norderstedt, Germany

škola

ትምህርት ቤት

učiona
መማሪያ ክፍል
deliti
ማካፈል
186/2
ploča
ሰሌዳ
školsko dvorište
የትምህርት ቤት ቅጥር ግቢ
nastavnik
መምህር
papir
ወረቀት
pisati
መፃፍ
hemijska olovka
እስክሪብቶ
pisaći stol
መፃፊያ ጠረጴዛ
lenjir
ማስመሪያ
knjiga
መጽሐፍ
učenik
ተማሪ

torba

የጀርባ ቦርሳ

pernica

የእርሳስ መያዣ

grafitna olovka

እርሳስ

šiljilo za olovke

የእርሳስ መቅረጫ

gumica za brisanje

ላጲስ

blok za crtanje

የስዕል ደብተር

crtež

ስዕል

kist

የቀለም ብሩሽ

kutija sa bojama

የቀለም ሳጥን

makaze

መቀስ

lepilo

ማጣበቂያ

beležnica

መልመጃ ደብተር

domaći zadatak

የቤት ስራ

broj

ቁጥር

sabirati

መደመር

oduzimati

መቀነስ

množiti

ማባዛት

računati

ቁጥሮችን ማስላት

slovo

ደብዳቤ

abeceda

ፊደላት

reč

ቃል

tekst

ፅሑፍ

čitati

ማንበብ

kreda

ጠመኔ

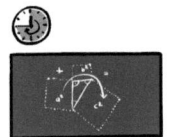

čas

ትምህርት

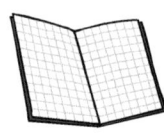

dnevnik

ምዝገባ

ispit

ፈተና

svedočanstvo

ሰርተፊኬት

školska uniforma

የትምህርት ቤት የደንብ ልብስ

obrazovanje

ትምህርት

leksikon

አዉደ ጥበብ

univerzitet

ዩኒቨርስቲ

mikroskop

የምርምር አጉሊ መሳርያ

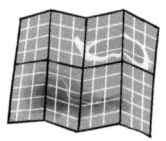

karta

ካርታ

košara za papir

የቆሻሻ ወረቀት መጣያ ቅርጫት

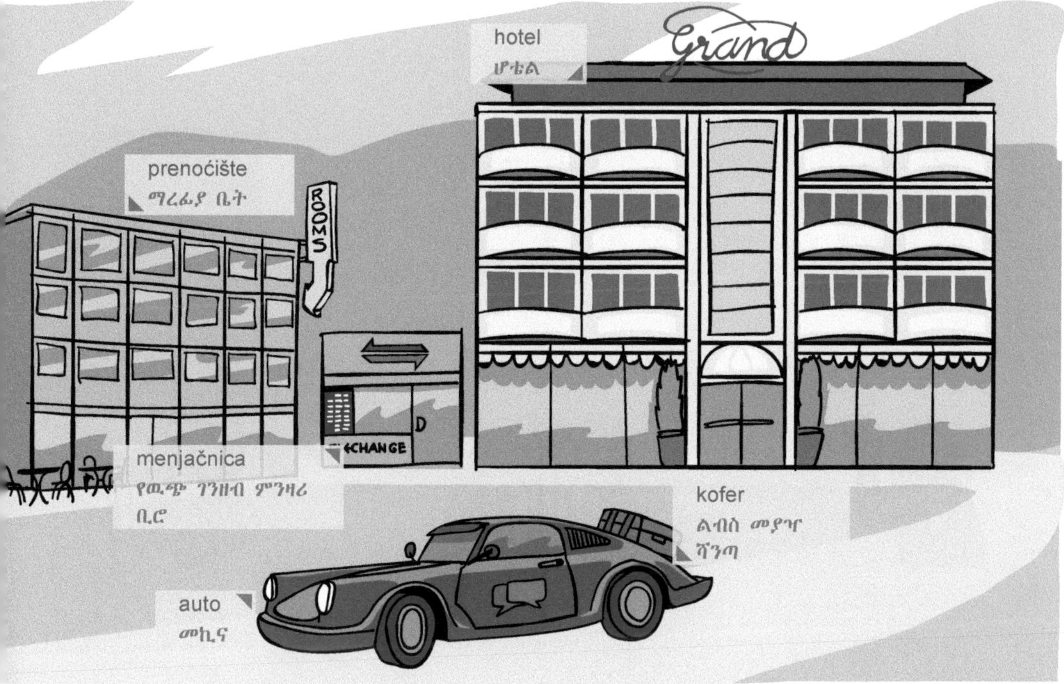

hotel
ሆቴል
prenoćište
ማረፊያ ቤት
menjačnica
የዉጭ ገንዘብ ምንዛሪ ቢሮ
kofer
ልብስ መያዣ ሻንጣ
auto
መኪና

jezik
ቋንቋ

da / ne
አዎ/ አይደለም

okej
እሺ

zdravo
ሰላም

prevodilac
አስተርጓሚ

hvala
አመሰግናለሁ

Koliko košta...?

ስንት ነዉ.......?

ne razumem

አልገባኝም

problem

እክል

dobro veče!

እንደምን አመሹ!

Dobro jutro!

እንደምን አደሩ!

Laku noć!

መልካም ምሽት!

doviđenja

ደህና ይሰንብቱ

smer

አቅጣጫ

prtljaga

ሻንጣ

torba

ቦርሳ

ruksak

የጀርባ ቦርሳ

gost

እንግዳ

soba

ክፍል

vreća za spavanje

የመተኛ ቦርሳ

šator

ድንኳን

turističke informacije

የጎብኚዎች መረጃ

plaža

የባህር ዳርቻ

kreditna kartica

ክሬዲት ካርድ

doručak

ቁርስ

ručak

ምሳ

večera

እራት

karta za vožnju

ቲኬት

lift

አሳንሰር

poštanska markica

ማህተም

granica

ድንበር

carina

ባህሎች

ambasada

ኤምባሲ

viza

ቪዛ/የይለፍ ወረቀት

pasoš

ፓስፖርት

transport

መጓጓዣ

avion
አዉሮፕላን
brod
መርከብ
vatrogasno vozilo
የእሳት አደጋ መኪና
autobus
አዉቶብስ
teretno vozilo
የጭነት መኪና
motorni čamac
የሞተር ጀልባ
bicikl
ብስክሌት
auto
መኪና

trajekt

የማመላለሻ ጀልባ

čamac

ጀልባ

motocikl

የሞተር ብስክሌት

policijski auto

የፖሊስ መኪና

trkaći auto

የዉድድር መኪና

iznajmljeno auto

የኪራይ መኪና

delenje automobila

የመኪና መጋራት

vučno vozilo

ጎታች መኪና

vozilo za odvoz smeća

የቆሻሻ ጭነት መኪና

motor

ሞተር

benzin

ነዳጅ

benzinska stanica

የቤንዚን ማደያ

saobraćajni znak

የመንገድ ምልክት

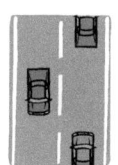

saobraćaj

የመኪኖች እንቅስቃሴ

zastoj

የመኪና መጨናነቅ

parkiralište

የመኪና ማቆሚያ

železnička stanica

የባቡር ጣቢያ

šine

የባቡር ሀዲዶች

voz

ባቡር

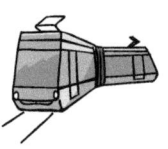

tramvaj

የኤሌክትሪክ ባቡር

vagon

ሰረገላ

helikopter

ሄሊኮፕተር

aerodrom

አየር ማረፊያ

kula

ማማ

putnik

መንገደኛ

kontejner

ማስቀመጫ፤ ማጠራቀሚያ

karton

ካርቶን እቃ ማሸጊያ

kolica

ጋሪ፤ ተሳቢ

korpa

ቅርጫት

uzleteti / sleteti

መነሳት/ ማረፍ

grad

ከተማ

selo

መንደር

centar grada

የከተማ ማዕከል

kuća

ቤት

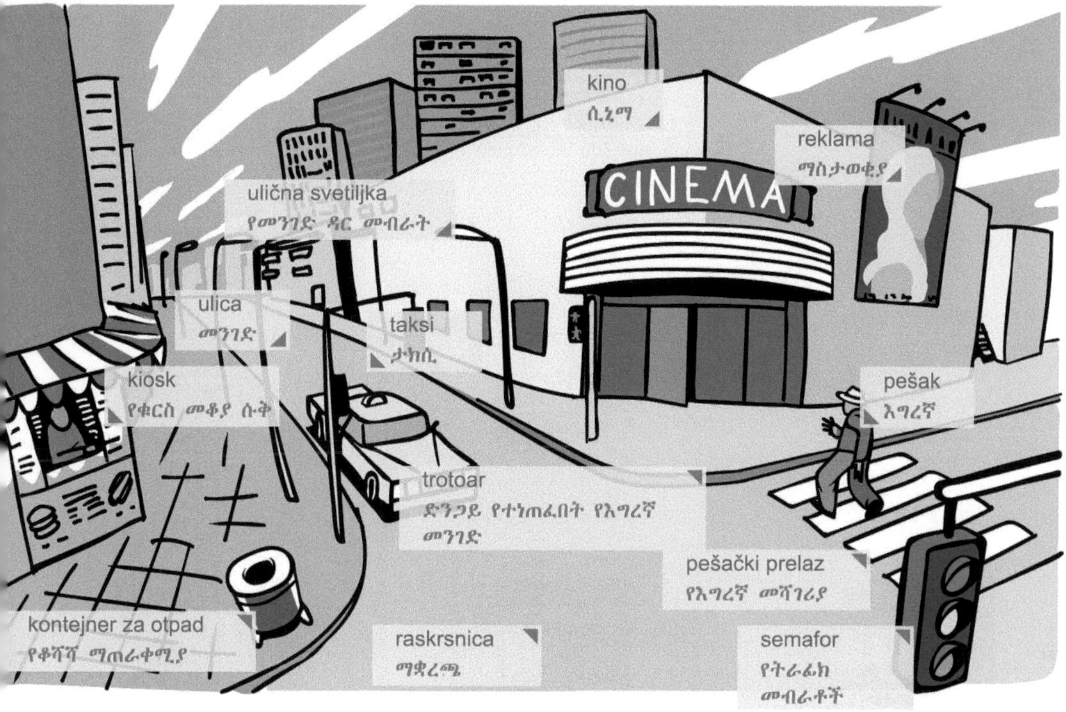
CINEMA
kino
ሲኒማ
reklama
ማስታወቂያ
ulična svetiljka
የመንገድ ዳር መብራት
ulica
መንገድ
taksi
ታክሲ
kiosk
የቁርስ መቆያ ሱቅ
pešak
እግረኛ
trotoar
ድንጋይ የተነጠፈበት የእግረኛ መንገድ
pešački prelaz
የእግረኛ መሻገሪያ
kontejner za otpad
የቆሻሻ ማጠራቀሚያ
raskrsnica
ማቋረጫ
semafor
የትራፊክ መብራቶች

koliba

ጎጆ

stan

አፓርታማ

železnička stanica

የባቡር ጣቢያ

većnica

የከተማ አዳራሽ

MUSEUM

muzej

ቤተ መዘከር

škola

ትምህርት ቤት

univerzitet

ዩኒቨርስቲ

banka

ባንክ

bolnica

ሆስፒታል

hotel

ሆቴል

apoteka

መድሐኒት ቤት

kancelarija

ቢሮ

knjižara

መፅሐፍ መሸጫ

prodavnica

ሱቅ

cvećara

የአበባ መሸጫ

supermarket

የሸቀጣ ሸቀጥ መደብር

trg

ገበያ ስፍራ

robna kuća

መደብር

ribarnica

የዓሳ ነጋዴ

trgovački centar

የገበያ ማዕከል

luka

ወደብ

park

መናፈሻ ቦታ

klupa

አግዳሚ ወንበር

most

ድልድይ

stepenice

ደረጃዎች

podzemna željeznica

ዉስጥ ለዉስጥ

tunel

ዋሻ

autobuska stanica

የአዉቶቡስ ፌርማታ

bar

ባር

restoran

ምግብ ቤት

poštansko sanduče

የፖስታ ሳጥን

ulični znak

የመንገድ ምልክት

parkirni automat

የመኪና ማቆሚያ ሒሳብ የሚያስላ ማሽን

zoološki vrt

የደር እንስሳት ማቆያ

bazen

የመዋኛ ገንዳ

džamija

መስጊድ

seosko gazdinstvo

እርሻ

zagađenje okoline

የሚበክል ነገር

groblje

መቃብር ስፍራ

crkva

ቤተ ክርስቲያን

igralište

መጫወቻ ሜዳ

hram

ቤተ መቅደስ

pejsaž

መልከዓምድር

list
ቅጠል

putokaz
የመንገድ ላይ
ምልክት

put
መንገድ

livada
አረንጓዴ መስክ

kamen
ድንጋይ

drvo
ዛፍ

šetač
በእግሩ የሚጓዝ

reka
ወንዝ

trava
ሳር

cvijet
አበባ

dolina

ሸለቆ

planina

ኮረብታ

jezero

ሀይቅ

šuma

ጫካ

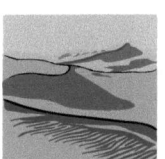

pustinja

በረሃ

vulkan

እሳተ ገሞራ

dvorac

ግምብ

duga

ቀስተ ዳመና

gljiva

እንጉዳይ

palma

የቴምብር ዛፍ/ ዘንባባ

moskito

ቢንቢ/ የወባ ትንኝ

muva

በራሪ

mrav

ጉንዳን

pčela

ንብ

pauk

ሸረሪት

buba

ጢንዚዛ

žaba

እንቁራሪት

veverica

ሽኮኮ

jež

ጃርት

zec

ጥንቸል

sova

ጉጉት ወፍ

ptica

ወፍ

labud

የውሃ ዳክዬ

divlja svinja

ከርከሮ

jelen

አጋዘን

los

አጋዘን

nasip

ግድብ

vetrenjača

በነፋስ የሚሽከረከር

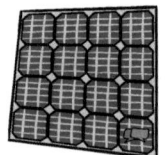

solarna ploča

የፀሀይ ፓኔሎ

klima

አየር ንብረት

restoran

ምግብ ቤት

konobar
አስተናጋጅ
jelovnik
stolica
ወንበር
supa
ሾርባ
pica
stolnjak
የጠረጴዛ ጨርቅ
pribor za jelo
መክተፊያ

predjelo

የምግብ ፍላጎትን የሚከፍት ምግብ

glavno jelo

ዋና ምግብ

desert

ማጣጣሚያ ተከታይ ምግብ

napitci

መጠጦች

jelo

ምግብ

flaša

ጠርሙስ

brza hrana

ፈጣን ምግብ

imbis hrana

የመንገድ ምግብ

čajnik

የሻይ ማንቆርቆሪያ

doza za šećer

የስኳር እቃ

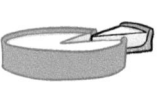

porcija

ድርሻ

aparat za espresso

የቡና ማፈያ ማሽን

visoka stolica

ባለጌ ወንበር

račun

የክፍያ ደረሰኝ

poslužavnik

ትሪ

nož

ቢላዋ

viljuška

ሹካ

kašika

ማንኪያ

čajna kašika

የሻይ ማንኪያ

salveta

ልብስ ምግብ እንዳይነካ የሚረዳ ጨርቅ

čaša

ብርጭቆ

tanjir

ዝርግ ሰሀን

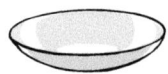

tanjir za supu

የሾርባ ጎድጓዳ ሰሀን

tanjirić

የስኒ ማስቀመጫ

sos

ማጣፈጫ ስጎ

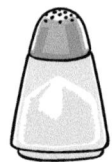

soljenka

የጨዉ እቃ

mlin za biber

የተፈጨ ቃሪያ

sirće

ኮምጣጤ

ulje

የምግብ ዘይት

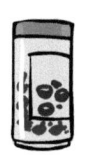

začini

ቀመማ ቅመሞች

kečap

የቲማቲም ድልህ

senf

ሰናፍጭ

majoneza

ማዮኒዝ

supermarket

የሸቀጣ ሸቀጥ መደብር

ponuda
ልዩ አቅራቦት
kupac
ደምበኛ
mlečni proizvodi
የወተት ተዋፅዖ
voće
ፍራፍሬ
kolica za kupovinu
ባለ ጎማ የእጅ ጋሪ

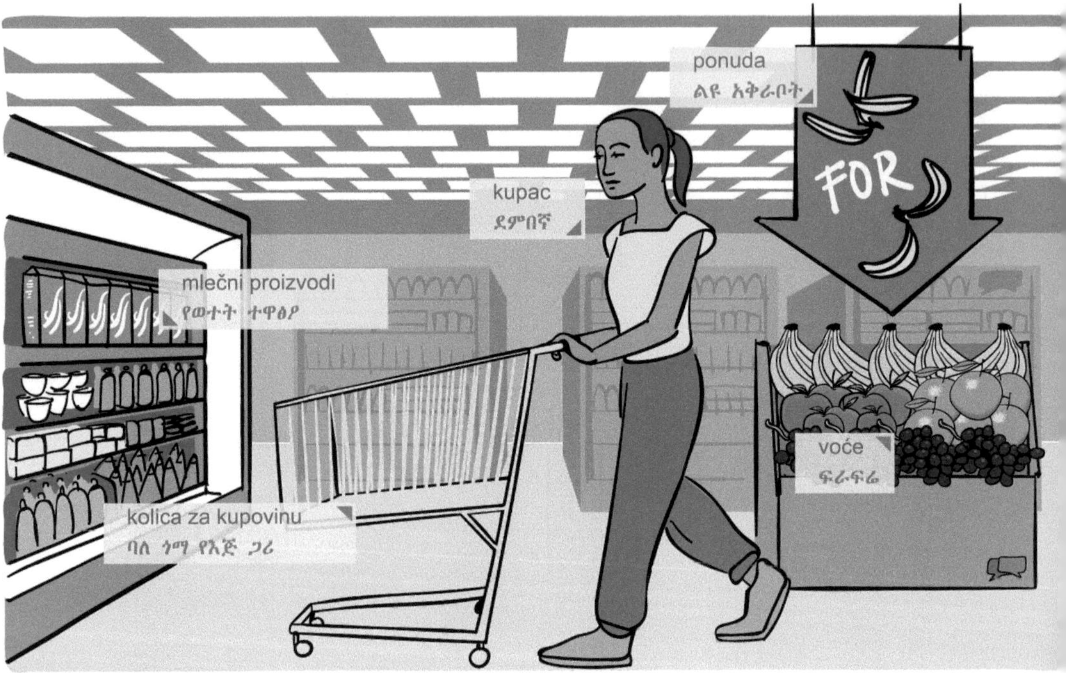

mesnica
ሉካንዳ ነጋዴ

pekara
መጋገርያ

vagati
ክብደት መመዘን

povrće
ቅጠላ ቅጠል አትክልት

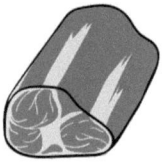

meso
ስጋ

smrznuta hrana
የቀዘቀዘ/የረጋ ምግብ

narezak

ቀዝቃዛ ቁራጭ

konzerve

የታሸገ ምግብ

sredstvo za pranje

የማጠቢያ ዱቄት

slatkiši

ጣፋጮች

artikli za domaćinstvo

የቤት ዉስጥ ዉጤቶች

sredstva za čišćenje

የፅዳት ምርቶች

prodavačica

የሽያጭ ባለሙያ

blagajna

የገንዘብ መመዝቢያ ማሽን

blagajnik

የሒሳብ ሰራተኛ

lista za kupovinu

የግዢ ዝርዝር

vreme rada

ክፍት ሰዓታት

novčanik

የኪስ ቦርሳ

kreditna kartica

ክሬዲት ካርድ

torba

ቦርሳ

plastična kesa

የፕላስቲክ ቦርሳ

napitci

መጠጦች

voda

ውሃ

sok

ጭማቂ

mleko

ወተት

kola

ኮካ-ኮላ

vino

ወይን

pivo

ቢራ

alkohol

አልኮል

kakao

ኮካ

čaj

ሻይ

kava

ቡና

espresso

የተፈላ ቡና

cappuccino

ካፑቺኖ

jelo
ምግብ

banana

ሙዝ

jabuka

ፖም

narandža

ብርቱካን

lubenica

ሀብሀብ

limun

ሎሚ

šargarepa

ካሮት

beli luk

ነጭ ሽንኩርት

bambus

ሸምበቆ

luk

ቀይ ሽንኩርት

gljiva

እንጉዳይ

orašasti plodovi

ለዉዝ

rezanci

የህፃናት ምግብ

špagete

ፓስታ

riža

ሩዝ

salata

ሰላጣ

pomfrit

የድንች ጥብስ

pečeni krumpir

ድንች ጥብስ

pica

ፒዛ

hamburger

ዳቦ ዉስጥ በስሱ ተጠብሶ የገባ
ስጋ

sendvič

ሳንድዊች

šnicla

ጥሬ ስጋ

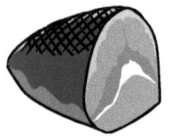

šunka

የአሳማ ስጋ

salama

በቅመምና በጨዉ የታሸ ምግብ
ቀዝቅዞ የሚበላ ሾርባ ምግብ

kobasica

ቋሊማ

kokoš

ዶሮ

pečenje

ጥብስ

riba

አሳ

zobene pahuljice

የአጃ ገንፎ

musli

ከወተት ጋር ተደባልቀዉ የሚበሉ ምግቦች

kukuruzne pahuljice

የበቆሎ ቅርፊት

brašno

ዱቄት

kroasan

ኩራሳ

pecivo

ድብልብል ዳቦ

hleb

ዳቦ

toast

መጥበስ

keksi

ብስኩት

maslac

ቅቤ

sveži sir

እርጎ

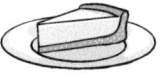

kolač

ኬክ

jaje

እንቁላል

jaje na oko

እንቁላል ጥብስ

sir

አይብ

jelo - ምግብ

sladoled

የበረዶ ክሬም

šećer

ስኳር

med

ማር

marmelada

ማርማላት

nugat krema

የተናጠ የወተት ክሬም

kari

ማጣፈጫ

seosko gazdinstvo

እርሻ

seoska kuća
የገበሬ ቤት
ambar
የእህልና የከብት ማቀመጫ ቤት
bale sena
polje
ሜዳ
konj
ፈረስ
prikolica
ተሳቢ መኪና
traktor
የእርሻ መኪና
ždrebe
የፈረስ ዉርንጭላ
magarac
አህያ
ovca
በግ
lane
የበግ ጠቦት

koza

ፍየል

krava

ላም

tele

ጥጃ

svinja

አሳማ

prase

ግልገል አሳማ

bik

ኮርማ

guska

ዝይ

patka

ዳክዬ

pilići

የዶሮ ጫጩት

kokoš

ዶር

petao

አዉራ ዶሮ

pacov

አይጥ

mačka

ደድመት

miš

አይጥ

vol

በሬ

pas

ዉሻ

kućica za psa

የዉሻ ቤት

vrtno crevo

የአትክልት ቦታ

kanta za polivanje

ዉሃ ማጠጫ ባልዲ

kosa

ረጅም ማጭድ

plug

ማረሻ

srp

ማጭድ

motika

መኮትኮቻ

viljuška za đubrivo

የእህል መንሽ

sekira

መጥረቢያ

tačke

ኩርኩር/ የእጅ ጋሪ

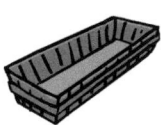

korito

ገንዳ

posuda za mleko

የወተት ዕቃ

vreća

ጆንያ ከረጢት

ograda

አጥር

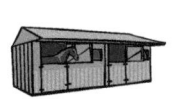

štala

የፈረስ ጋጣ

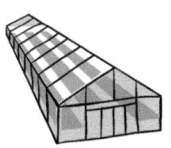

staklenik

ዕፅዋት ማሳደጊያ የመስታዉት
ቤት

zemlja

አፈር

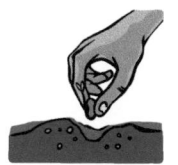

seme

ዘር

đubrivo

የመሬት ማዳበሪያ

kombajn

ጥምር ማረሻ

žeti

አዝመራ መሰብሰብ

žetva

አዝመራ

jams začin

ድንች

pšenica

ስንዴ

soja

ሶያ

krumpir

ድንች

kukuruz

በቆሎ

uljana repica

የከብት መኖ

voćka

የፍሬ ዛፍ

gomolj manioke

የካሳቫ ዛፍ

žitarice

እህል

kuća

ቤት

dimnjak
የጪስ ማዉጫ
krov
ጣራ
žleb
prozor
መስኮት
garaža
ጋራዥ
zvono
የበር ደወል
vrata
በር
korpa za otpad
የቀቆሻሻ ማጠራቀሚያ
poštansko sanduče
ፖስታ ሳጥን
vrt
የአትክልት ቦታ

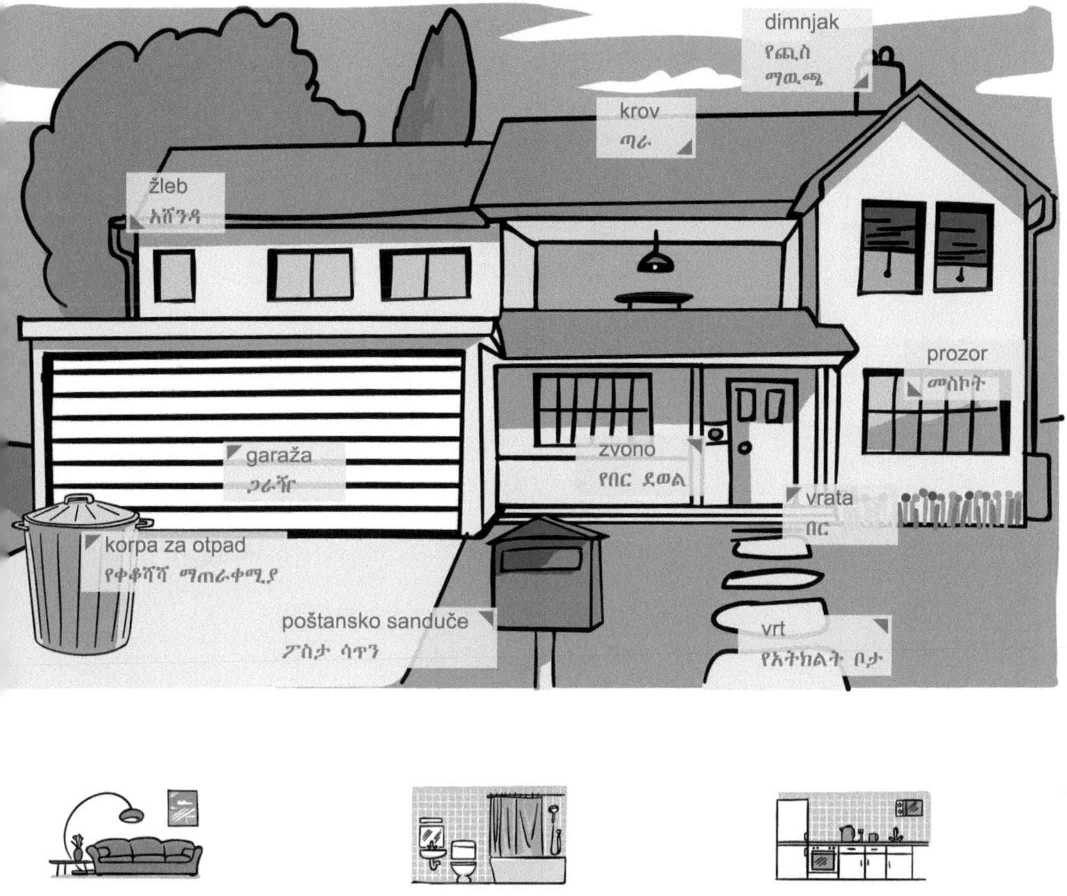

dnevna soba

ሳሎን

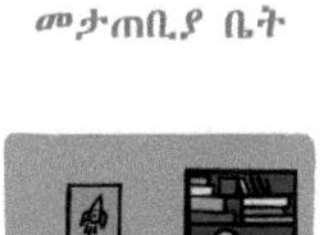

kupaonica

መታጠቢያ ቤት

kuhinja

ማድቤት

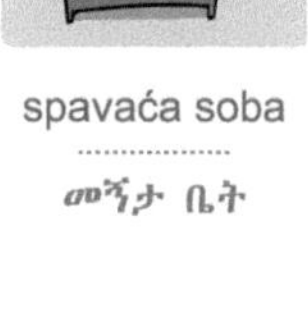

spavaća soba

መኝታ ቤት

dečija soba

የልጅ ክፍል

trpezarija

መመገቢያ ክፍል

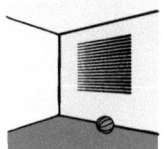

pod

ወለል

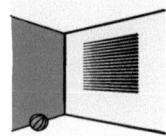

zid

ግድግዳ

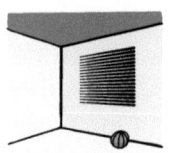

strop

ጣሪያ

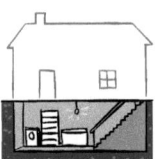

podrum

ምድር ቤት

sauna

በእንፋሎት ሙቀት መታጠቢያ ቤት

balkon

ሰገነት

terasa

ከፍ ያለ መደብ

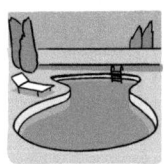

bazen

የመዋኛ ገንዳ

kosilica za travu

የማጨጃ መኪና

posteljina za krevet

አንሶላ

deka za krevet

የአልጋ ልብስ

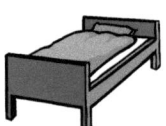

krevet

አልጋ

metla

መጥረጊያ

kanta

ባልዲ

prekidač

ማብሪያና ማጥፊያ

dnevna soba

ሳሎን

tapeta
የግድግዳ ወረቀት
slika
ፎቶ
svetiljka
መብራት
regal
መደርደሪያ
ormar
ቁም ሳጥን፤ ካቢኔ
televizija
kamin
የእሳት መሞቂያ
cvijet
አበባ
jastuk
ትራስ
kauč
ሶፋ
vaza
የአበባ ማስቀመጫ
daljinski upravljač
ሪሞት ኮንትሮል

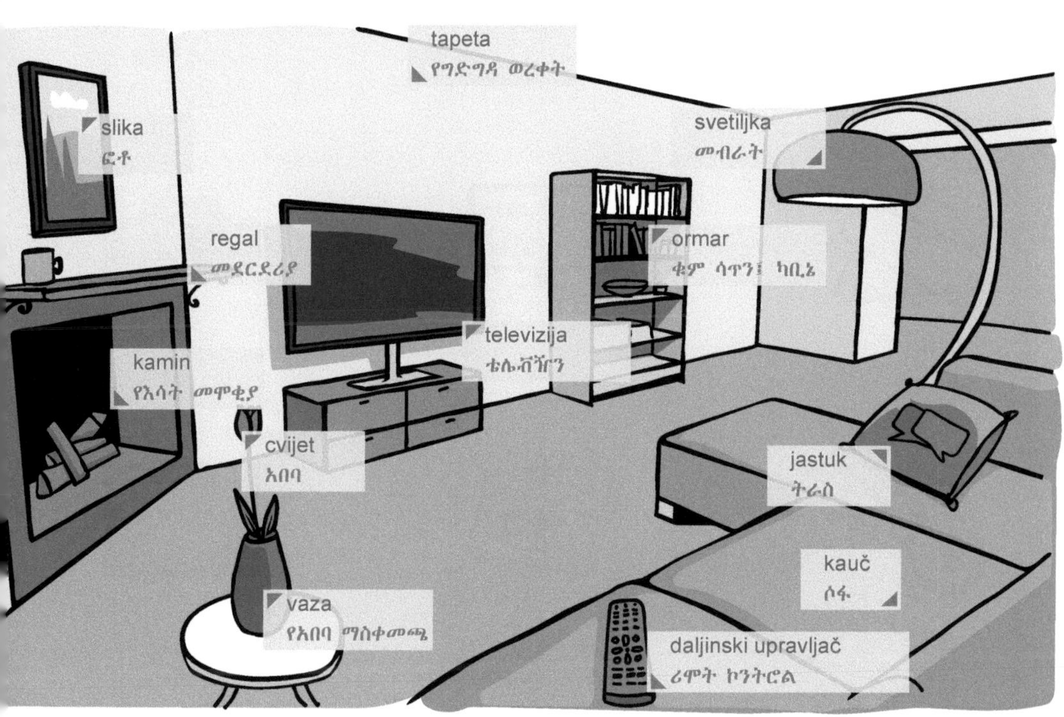

tepih

ንጣፍ

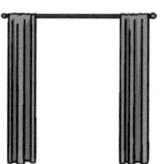

zavesa

መጋረጃ

sto

ጠረጴዛ

stolica

ወንበር

stolica za njihanje

ተወዛዋዥ ወንበር

fotelja

ባለመደገፊያ ወንበር

knjiga

መጽሐፍ

deka

ብርድ ልብስ

dekoracija

ጌጥ

drvo za ogrev

ማገዶ

film

ፊልም

hi-fi uređaj

የሙዚቃ መማጫወቻ

ključ

ቁልፍ

novine

ጋዜጣ

slika na platnu

ስዕል

poster

የተለጠፈ ማስታወቂያ እንደ ስዕል

radio

ራዲዮ

blok za pisanje

ማስታወሻ ደብተር

usisivač

የአየር ማፅጃ ለምንጣፍ

kaktus

ቁልቋል

sveća

ሻማ

kuhinja
ማድቤት

frižider
ማቀዝቀዣ
mikrotalasna rerna
ማይክሮዌቭ ምግብ ማብሰያ
kuhinjska vaga
የኩሽና መመዘኛ ሚዛን
toaster
ዳቦ መጥበሻ
sredstvo za čišćenje
ንፁህ ማድረጊያ
rerna
ምድጃ
pretinac za zamrzavanje
ማቀዝቀዣ
korpa za otpad
የቆሻሻ ማጠራቀሚያ
mašina za pranje suđa
እቃ ማጠቢያ

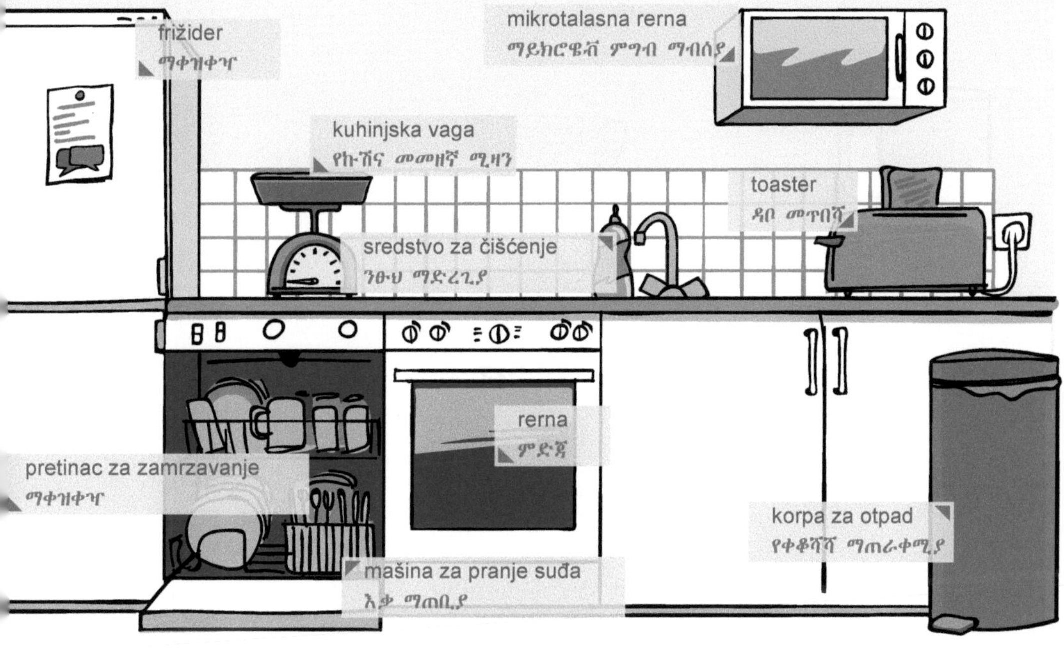

šporet

ምግብ አብሳይ

lonac

ማሰሮ

gvozdeni lonac

የብረት ማሰሮ

wok / kadai

ምግብ ማብሰያ ዝርግ ድስት

tava

የምግብ መጥበሻ

kuvalo za vodu

ማንቆርቆሪያ

kuvalo na paru

የእንፋሎት ማብሰያ

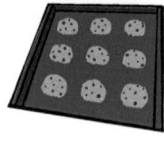

lim za pečenje

የመጋገሪያ ትሪ

posuđe

ሰብስቦች

čaša

ትልቅ ኩባያ

posuda

ጎድጓዳ ሳህን

štapići za jelo

ቾፕስቲክስ

kutlača

ጭልፋ

lopatica

መሰቅሰቂያ ዝርግ ማንኪያ

penjača

ማደባለቂያ

sito za kuvanje

መወጠሪያ

sito

ወንፊት

ribež

መፈርፈሪያ መሳሪያ

mužar

ሲሚንቶ

roštilj

የፍም ጥብስ

ognjište

የተለቀቀ እሳት

daska

መክተፊያ

oklagija

ተንሸራታች መርፌ

vadičep

የጠርሙስ መክፈቻ

konzerva

ጣሳ

otvarač konzervi

የጣሳ መክፈቻ

krpa za lonac

የማሰሮ መሸፈኛ

sudoper

ሳህን ማጠቢያ

četka

ብሩሽ

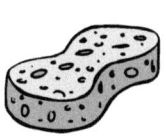

sunđer

ስፖንጅ

mikser

መደባለቂያ መሳሪያ

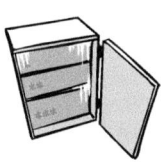

zamrzivač

በጣም ማቀዝቀዣ

flašica za bebe

ጡጦ

slavina za vodu

ቧንቧ

kupaonica

መታጠቢያ ቤት

peškir
ፎጣ
tuš
መታጠቢያ
zavesa za tuš
የመታጠቢያ ቤት መጋረጃ
penušava kupka
የአረፋ መታጠቢያ
kada
የመታጠቢያ ገንዳ
čaša
ብርጭቆ
mašina za pranje veša
የልብስ ማጠቢያ
slavina za vodu
ቧንቧ
pločice
ማዕዘን ወለል
tuta
sudoper
ሳህን ማጠቢያ

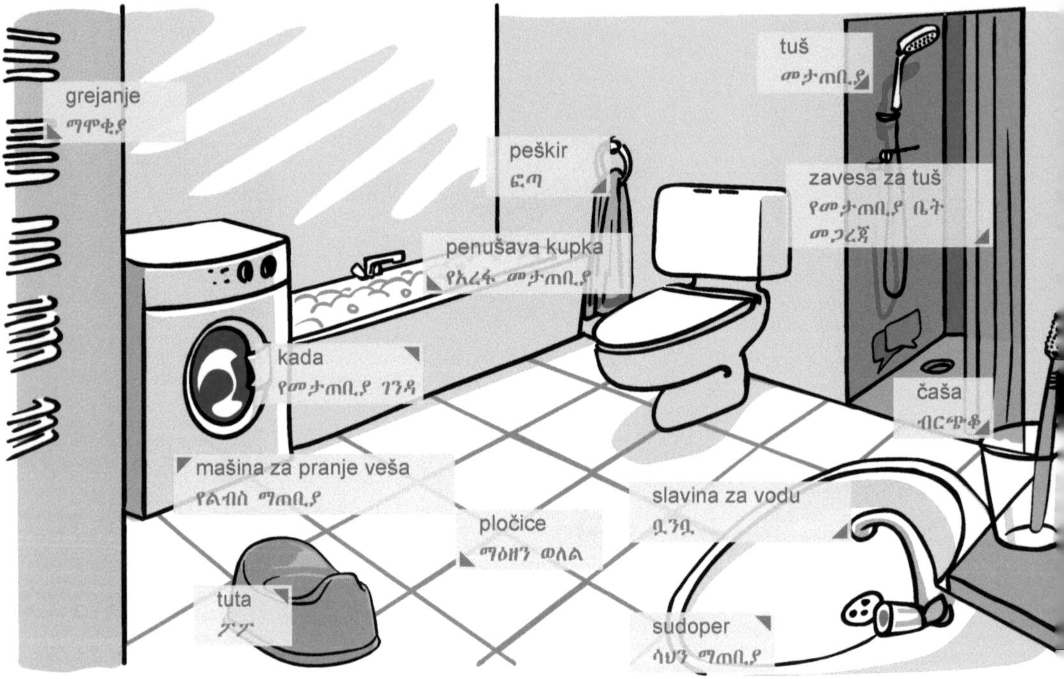

toalet

ሽንት ቤት

čučavac

የሽንት ቤት መቀመጫ

bidet

ሳፋ

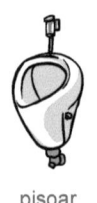

pisoar

የመንገድ ዳር መሽኛ

toaletni papir

የሽንት ቤት ወረቀት

četka za toalet

የሽንት ቤት ማፅጃ ብሩሽ

četkica za zube

የጥርስ ብሩሽ

pasta za zube

የጥርስ ሳሙና

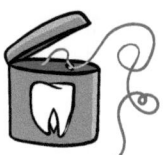

konac za zube

የጥርስ ማፅጃ ክር

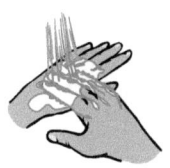

prati

መታጠብ

tuš ručica

የእጅ መታጠቢያ

tuš za pranje intimnih delova

መታጠቢያ

lavor

ጎድጓዳ ሳህን

četka za pranje leđa

የጀርባ ብሩሽ

sapun

ሳሙና

gel za tuširanje

መታጠቢያ የሚዝለገለግ ሳሙና

šampon

የፀጉር መታጠቢያ ሳሙና

krpa za pranje

ለስላሳ ጨርቅ

odvod

ፍሳሽ

krema

ክሬም

dezodorans

ጠረን መቀየሪያ ንጥረ ነገር

ogledalo

መስታወት

kozmetičko ogledalo

የእጅ መስታወት

brijač

ምላጭ

pena za brijanje

የመላጫ አረፋ

losion za posle brijanja

ከመላጨት በኋላ የሚቀባ ሽቱ

češalj

ማበጠሪያ

četka

ብሩሽ

fen za kosu

የፀጉር ማድረቂያ

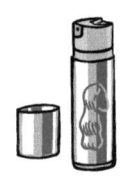

sprej za kosu

በፀጉር ላይ የሚነፋ

makeup

የፊት መቀባቢያ

ruž za usne

የከንፈር ቀለም

lak za nokte

የጥፍር ቀለም

vata

የጥጥ ሱፍ

makaze za nokte

ጥፍር መቁረጫ

parfem

ሽቶ

kozmetička torbica

ማጠቢያ ባልዲ

stolica

መቀመጫ

vaga

ሚዛን

ogrtač

የመታጠቢያ ልብስ

rukavice za čišćenje

የላስቲክ ጓንት

tampon

ሞዴስ

uložak

የፅዳት ፎጣ

hemijski toalet

የሽንት ቤት ኬሚካል

dečija soba

የልጅ ክፍል

budilnik
plišana igračka
የህፃን አሻንጉሊት
auto igračka
የመጫወቻ መኪና
zvečka
ንገጫገጫ መጫወቻ
kućica za lutke
የአሻንጉሊት ቤት
poklon
ስጦታ

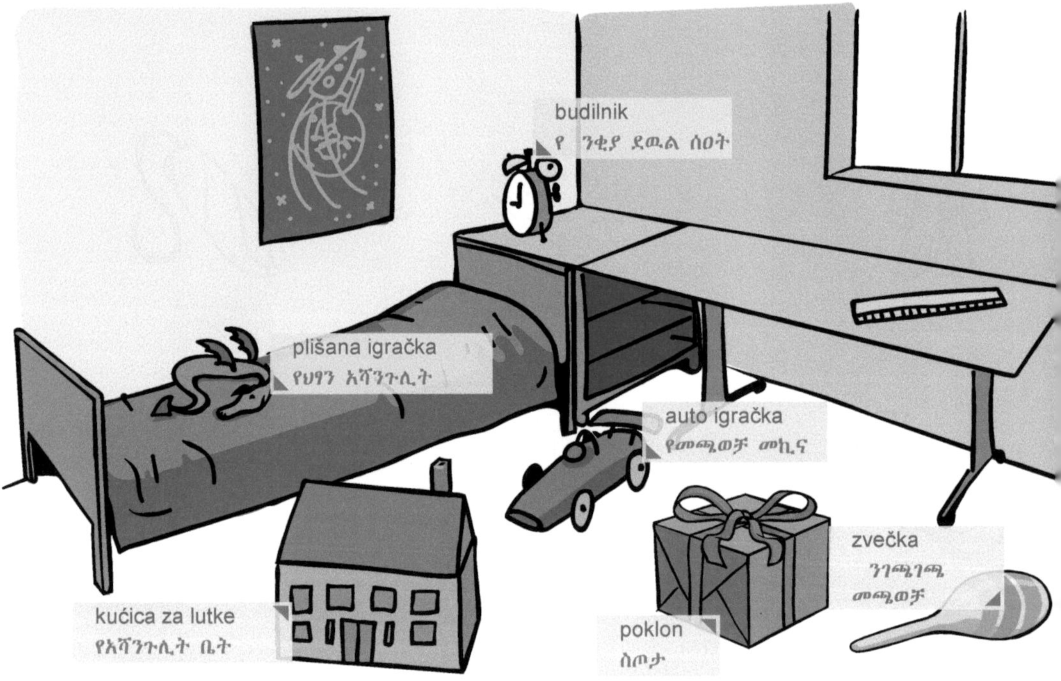

balon

ፊኛ

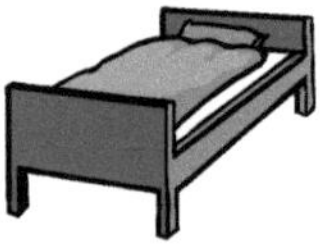

krevet

አልጋ

dječija kolica

የህፃን ንሽራሽሪያ ጋሪ

igra s kartama

የካርታ መጫወቻ

slagalica

ቁርጥራጭ ምስሎችን የ ገጣጠም
እና ምስል የ ግኝት ጨዋታ

strip

አዝናኝ

lego kockice

ተገጣጣሚ መጫወቻ

kockice za slaganje

የመጫወቻ መገጣጠሚያዎች

akcioni junak

የድርጊት ምስል

benkica za bebe

የህፃን እድገት

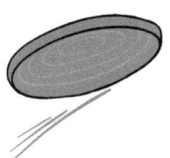

frizbi

የፕላስቲክ መጫወቻ ዝርግ ሰሀን

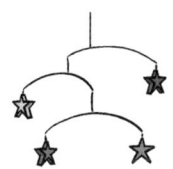

viseće igračke

ተወዛዋዥ የህፃን ማጫወቻ

društvene igre

የሰሌዳ ጨዋታ

kocka

የመጫወቻ ጠጠር

minijaturna željeznica

የመጫወቻ ባቡር

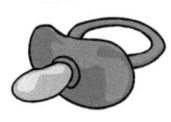

duda

የእንጀራ እናት ጡጦ

zabava

ድግስ

slikovnica

የስዕል መፅሀፍ

lopta

ኳስ

lutka

አሻንጉሊት

igrati

መጫወት

pješčanik

የአሸዋ መጫወቻ

ljuljačka

ዥዋዥዌ

igračka

መጫወቻዎች

konzola za igre

የቪዲዮ መጫወቻ

tricikl

ባለ ሶስት ጎማ ብስክሌት

tedi

የአሻንጉሊት ድብ

ormar

ቁምሳጥን

odeća

አልባሳት

kratke čarape

ካልሲዎች

čarape

ስቶኪንጎች

hulahopke

ታይት

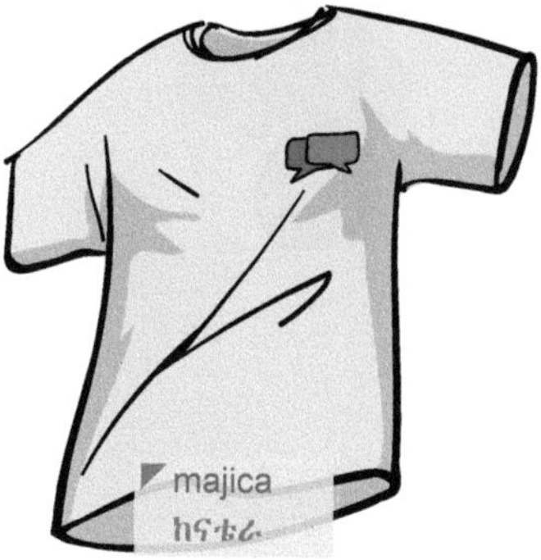

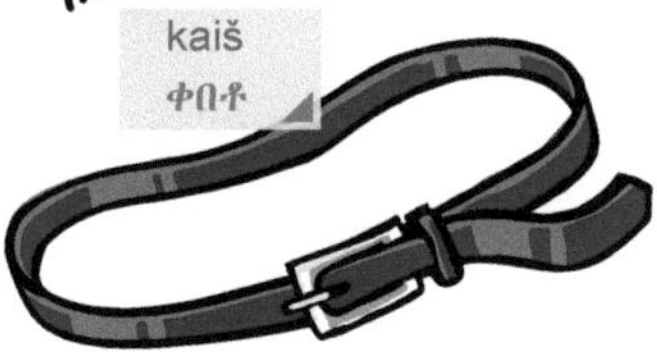

šal
የአንገት ልብስ

kišobran
ግንጥላ

majica
ክናቴራ

kaiš
ቀበቶ

čizme
ቦቲ

papuče
የቤት ዉስጥ ነጠላ
ጫማ

patike
ስኒከሮች

sandale	cipele	gumene čizme
ነጠላ ጫማዎች	ጫማዎች	የዝናብ ቡትስ

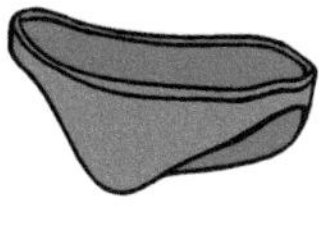

gaćice	grudnjak	potkošulja
ሙታንታ	ጡት መያዣ	ሰደርያ

bodi

ሰዉነት

pantalone

ሱሪዎች

farmerke

ጅንስ

suknja

ጉርድ ቀሚስ

bluza

ሸሚዝ

košulja

ሸሚዝ

džemper

የሚጠለቅ ሹራብ

džemper s kapuljačom

ሹራብ

sako

ዩኒፎርም ጃኬት

jakna

ጃኬት

kaput

ኮት

kabanica

የዝናብ ኮት

kostim

ልብስ

haljina

ቀሚስ

venčanica

የሙሽራ ቀሚስ

odelo

ሱፍ

spavaćica

የለሊት ልብስ

pidžama

የለሊት ልብስ

sari

ረጅም ቀሚስ

marama za glavu

ሂጃብ

turban

ጥምጣም

burka

ቡርቃ

kaftan

ሽርጥ

abaja

አባያ

kupaći kostim

የዋና ልብስ

kupaće gaćice

አጭር ቁምጣ

kratke pantalone

ቁምጣዎች

odeća za trening

የስራ ቱታ

kecelja

ሽርጥ

rukavice

ጓንት

dugme

ቁልፍ

naočare

መነፅር

narukvica

አምባር

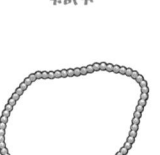

ogrlica

የአንገት ሀብል

prsten

ቀለበት

naušnica

የጆሮ ጌጥ

kapa

ኮፍያ

vešalica

የኮት መስቀያ

šešir

ኮፍያ

kravata

ክረቫት

patent zatvarač

ዚፕ

kaciga

የብረት ቆብ

naramenice

መደገፊያ

školska uniforma

የትምህርት ቤት የደንብ ልብስ

uniforma

የደንብ ልብስ

48 odeća - አልባሳት

podbradak

መሃረብ

duda

የእንጀራ እናት ጡጦ

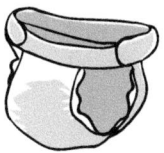

pelena

ሽንት ጨርቅ

kancelarija

ቢሮ

server
ማሰራጫ ጣቢያ
ormar za spise
የፋይል መደርደሪያ ካቢኔ
štampač
የህትመት መሳሪያ
papir
ወረቀት
monitor
መቆጣጠሪያ
miš
pisaći stol
መፃፊያ ጠረጴዛ
mapa
ማህደር
tastatura
የመፃፊ ቁልፎች
stolica
ወንበር
košara za papir
የቆሻሻ ወረቀት መጣያ ቅርጫት
kompjuter
ኮምፒዉተር

šalica za kavu

የቡና መጠጫ ትልቅ ኩባያ

kalkulator

ማስልያ ማሽን

internet

ኢንተርኔት

laptop

ላፕቶፕ

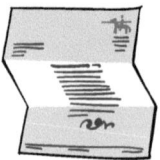

pismo

ደብዳቤ

poruka

መልዕክት

mobilni telefon

ተንቀሳቃሽ ስልክ

mreža

የግንኙነት አዉታር

uređaj za kopiranje

ማባዣ ማሽን

softver

ሶፍትዌር

telefon

ስልክ

utičnica

የግድግዳ ሶኬት

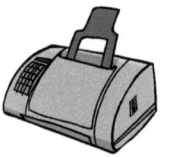

faks

የፋክስ ማሽን

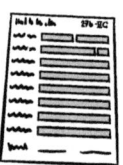

formular

ቅፅ

dokument

ሰነድ

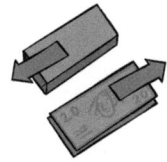

kupovati
....
መግዛት

platiti
....
መክፈል

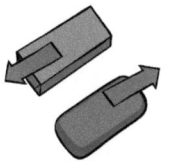

trgovati
....
መነገድ

novac
....
ገንዘብ

dolar
....
ዶላር

evro
....
ዩሮ

jen
....
የን

rublja
....
ሩብል

švajcarski franak
....
የስዊዝ ፍራንክ

renmindbi juan
....
ሬንሚንቢ ዩዋን

rupija
....
ሩጲ

automat za novac
....
የገንዘብ ነጥብ

menjačnica

የዉጭ ገንዘብ ምንዛሪ ቢሮ

zlato

ወርቅ

srebro

ብር

nafta

ዘይት

energija

ሀይል፤ ጉልበት

cena

ዋጋ

ugovor

ግንኙነት

porez

ቀረጥ

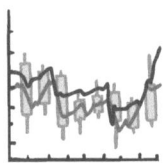

deonica

አክስዮን

raditi

መስራት

službenik

ተቀጣሪ

poslodavac

ቀጣሪ

fabrika

ፋብሪካ

prodavnica

ሱቅ

policajac
የፖሊስ አ**ዛ**ዥ

vatrogasac
የእሳት አደጋ ሰራተኛ

kuvar
ምግብ አብሳይ

lekar
ዶክተC

pilot
አብራሪ

vrtlar

አትክልተኛ

stolar

አናጢ

krojačica

ልብስ ሰፊ ሴት

sudija

ዳኛ

hemičar

ቀማሚ

glumac

ተዋናይ

vozač autobusa

የአዉቶቢስ ሹፌር

vozač taksija

የታክሲ ሹፌር

ribar

አሳ አጥማጅ

čistačica

ፅዳት ሰራተኛ

krovopokrivač

የጣራ ሰራተኛ

konobar

አስተናጋጅ

lovac

አዳኝ

slikar

ሰዓሊ

pekar

ጋጋሪ

električar

የኤሌትሪክ ሰራተኛ

građevinski radnik

ገምቢ

inženjer

መሃንዲስ

mesar

ልኳንዳ

limar

የቧንቧ ሰራተኛ

poštar

የፖስታ ሰራተኛ

vojnik

ወታደር

arhitekta

መሃንዲስ

blagajnik

የሒሳብ ሰራተኛ

cvećar

አበባ ሻጭ

frizer

የፀጉር ሰራተኛ

kondukter

ቲኬት ቆራጭ

mehaničar

መካኒክ

kapetan

ካፒቴን

zubar

የጥርስ ሐኪም

naučnik

ተመራማሪ

rabi

መምህር

imam

የሙስሊም ሃይማኖታዊ መሪ

monah

መነኩሴ

svećenik

ካህን

alati

መሳሪያዎች

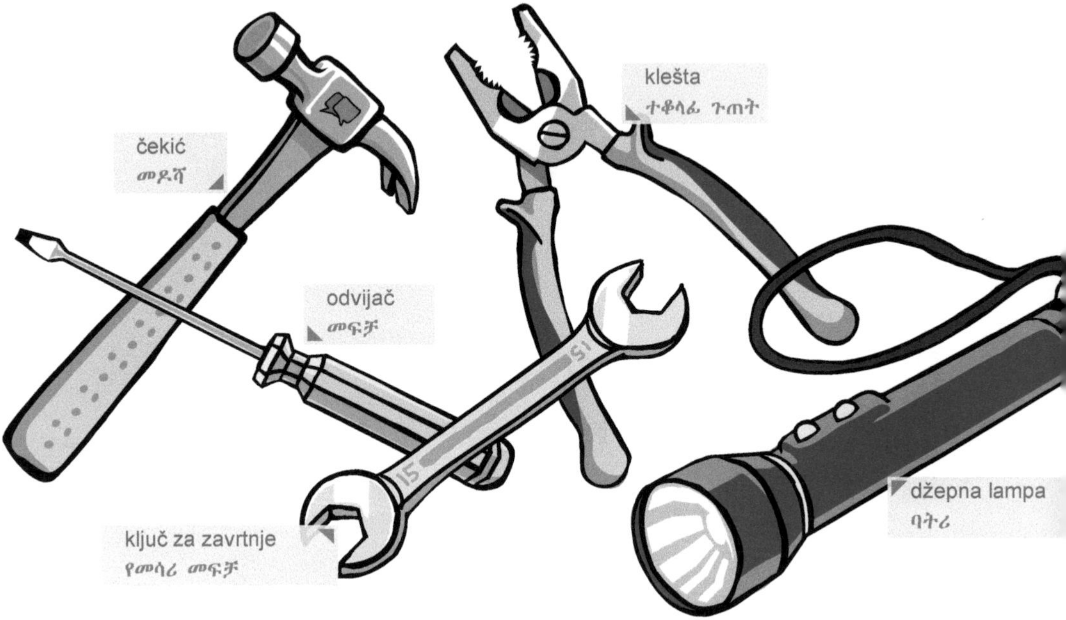

čekić
መዶሻ
klešta
ተቆላፊ ጉጠት
odvijač
መፍቻ
ključ za zavrtnje
የመሳሪ መፍቻ
džepna lampa
ባትሪ

bager

በቁፋሮ የሚዝቅ

kutija za alat

የመፍቻ ሳጥን

merdevine

መሰላል

pila

መጋዝ

ekser

ምስማር

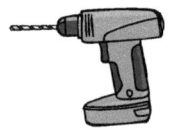

bušilica

መሰርሰሪያ

popraviti

መጠገን

lopata

አካፋ

do đavola!

የተረገመ!

lopatica

ቆሻሻ ማፈሻ

lonac za boju

የቀለም ቆርቆሮ

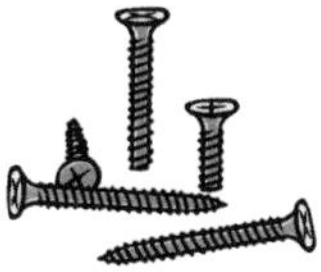

zavrtanji

ብሎን

muzički instrument

የሙዚቃ መሳሪያዎች

zvučnik
የድምፅ ማጉያ መሳርያ
bubnjevi
የከበሮ መሳሪያዎች
kontrabas
ድርብ ቤዝ ጊታር
gitara
ክራር መሰል የሙዚቃ መሳሪያ
truba
የትንፋሽ ሙዚቃ መሳሪያ

klavir

ያኖ

violina

ቫዮሊን

bas

ወፍራም፤ ጎርናና ድምፅ ያለዉ ክራር መሰል ሙዚቃ መሳሪያ

timpani

ነጋሪት

udaraljke za bubnjeve

ከበሮ

tipke klavira

በኤሌክትሪክ የሚሰራ ኖ

saksofon

የትንፋሽ ሙዚቃ መሳሪያ

flauta

ዋሽንት

mikrofon

የድምፅ ማጉያ

ulaz
መግቢያ
tigar
ነብር
kavez
ሳጥን
zebra
የሜዳ አህያ
hrana za životinje
የእንስሳ ምግብ
panda
ትልቅ ድብ

životinje

እንስሳቶች

slon

ዝሆን

kengur

ካንጋሮ

nosorog

አዉራሪስ

gorila

ትልቅ ዝንጀሮ

medved

ድብ

kamila

ግመል

noj

ሰጎን

lav

አንበሳ

majmun

ጦጣ

flamingo

ቅልጥመ ረዥም ወፍ

papagaj

በቀቀን

polarni medved

የወዋልታ ድብ

pingvin

የዋልታ ወፎች

ajkula

ረጅም ጥርሶች ያሉትአሳ ነባሪ

paun

ጣዎስ

zmija

እባብ

krokodil

አዞ

čuvar u zoološkom vrtu

የዱር አራዊት የሚጠበቁበት ማቆያን የሚጠብቅ

tuljan

አሳ በሊታ የባህር እንስሳ

jaguar

የዱር ድመት

poni

ድንክ ፈረስ

leopard

ነብር

nilski konj

ጉማሬ

žirafa

ቀጭኔ

orao

ንስር

divlja svinja

ከርከሮ

riba

አሳ

kornjača

የባህር ኤሊ

morž

የባህር አዉሬ

lisica

ቀበሮ

gazela

የሜዳ ፍየል፤ ሚዳቋ

sport

የስፖርት አይነቶች

američki nogomet
የአሜሪካ እግርኳስ
biciklizam
የብስክሌት ስፖርት
tenis
ቴኒስ
košarka
የቅርጫት ኳስ
plivanje
ዋና
boks
የቡጢ ስፖርት
hokej na ledu
የበረዶ ላይ የገና ጨዋታ

fudbal

እግር ኳስ

badminton

የላበ ኳስ ጨዋታ

atletika

አትሌቲክስ

rukomet

የእጅ ኳስ ስፖርት

skijanje

የበረዶ መንሸራተት ስፖርት

polo

ፈረስ ግልቢያ

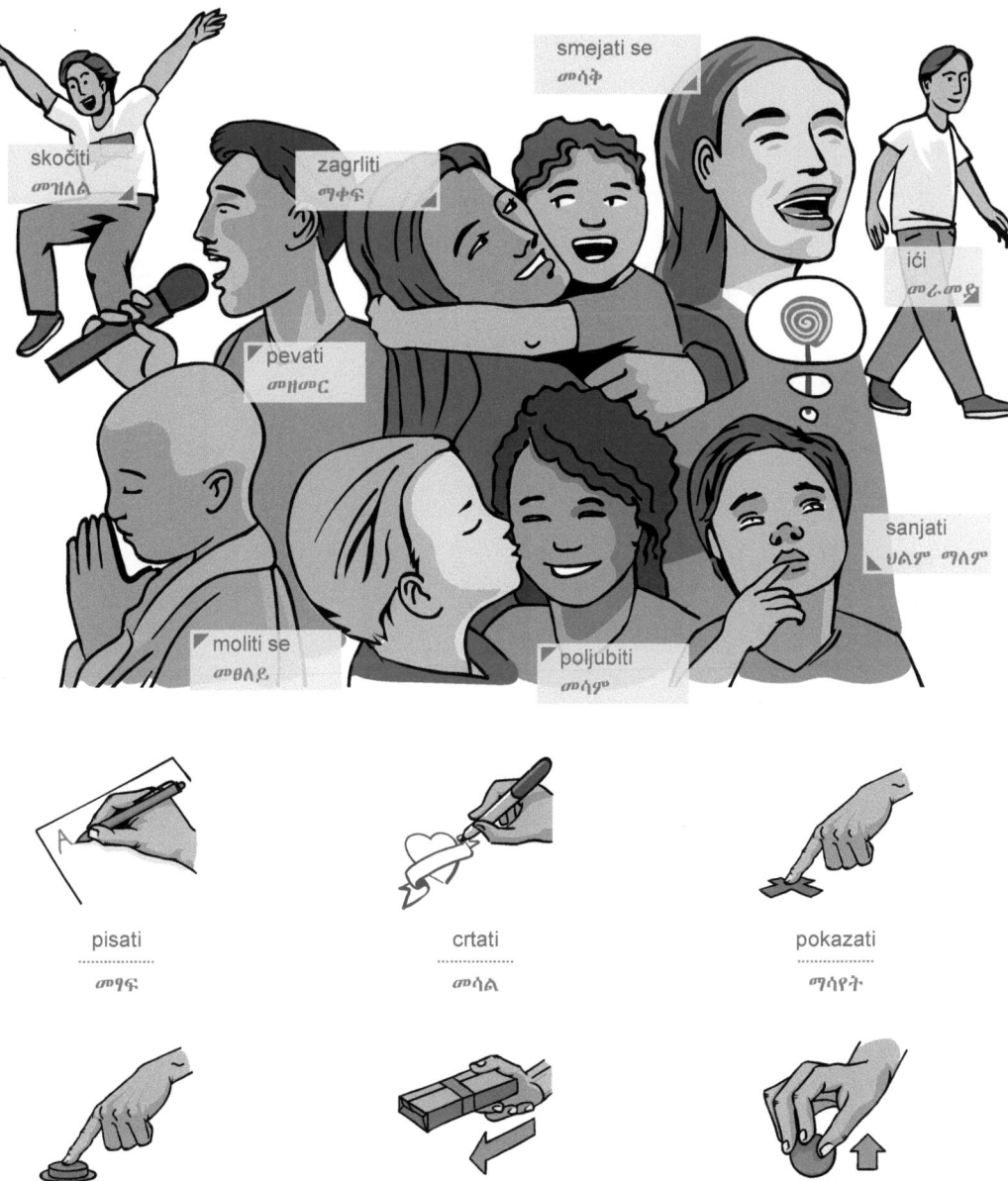

aktivnosti

እንቅስቃሴዎች

skočiti
መዝለል
zagrliti
ማቀፍ
smejati se
መሳቅ
ići
መራመድ
pevati
መዘመር
sanjati
ህልም ማለም
moliti se
መፀለይ
poljubiti
መሳም

pisati

መፃፍ

crtati

መሳል

pokazati

ማሳየት

gurati

መግፋት

dati

መስጠት

uzeti

መዉሰድ

imati

መያዝ

činiti

ማድረግ

biti

መሆን

stojati

መቆም

trčati

መሮጥ

povlačiti

መሳብ

baciti

መወርወር

padati

መዉደቅ

ležati

መዋሸት

čekati

መጠበቅ

nositi

መሸከም

sediti

መቀመጥ

oblačiti

መልበስ

spavati

መተኛት

probuditi se

መንቃት

gledati

መመልከት

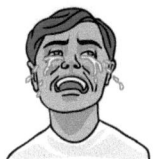

plakati

ማለልቀስ

milovati

መጫር

češljati

ማበጠር

govoriti

ማዉራት

razumeti

መረዳት

pitati

ጥያቄ

slušati

ማዳመጥ

piti

መጠጣት

jesti

መብላት

pospremiti

ማንፃት

voleti

ማፍቀር

kuhati

ምግብ ማብሰል

voziti

መንዳት

leteti

መብረር

ploviti

መርከብ መንዳት

računati

ቁጥሮችን ማስላት

čitati

ማንበብ

učiti

መማር

raditi

መስራት

venčati se

ማግባት

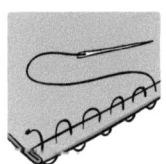

šiti

መስፋት

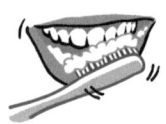

prati zube

ጥርስ መቦረሽ

ubiti

መግደል

pušiti

ማጨስ

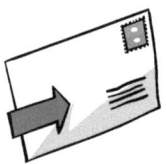

poslati

መላክ

porodica
ቤተሰብ

baka
የሴት አያት
deda
የወንድ አያት
otac
አባት
majka
እናት
beba
ህፃን
kćerka
ሴት ልጅ
sin
ወንድ ልጅ

gost

እንግዳ

tetka

አክስት

ujak, stric

አጎት

brat

ወንድም

sestra

እህት

telo

አካል

čelo
ግንባር
oko
አይን
rame
ትከሻ
prst
ጣት
lice
ፊት
brada
አገጭ
ruka
እጅ
grudi
ጡት
noga
እግር
ruka
ክንድ

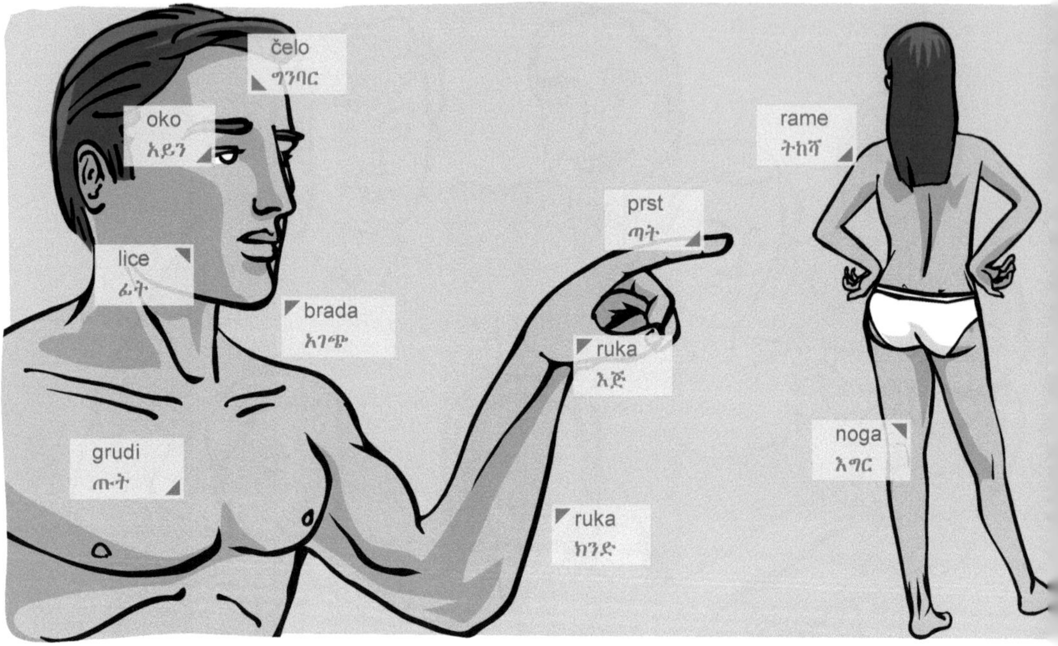

beba

ህፃን

muškarac

ሰዉ

žena

ሴት

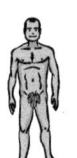

devojčica

ልጃገረድ

dečak

ወንድ ልጅ

glava

ራስ

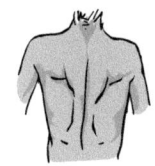

leđa

ጀርባ

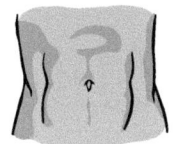

stomak

ሆድ

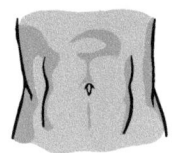

pupak

እምብርት

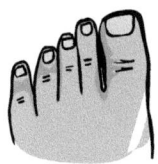

nožni prst

የእግር ጣት

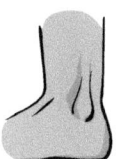

peta

ተረከዝ

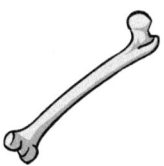

kost

አጥንት

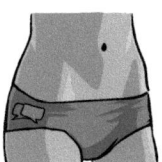

kukovi

ዳሌ

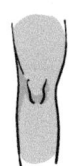

koleno

ጉልበት

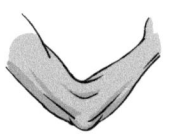

lakat

ክርን

nos

አፍንጫ

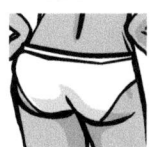

zadnjica

ቂጥ

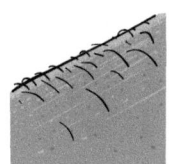

koža

ቆዳ

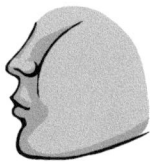

obraz

ጉንጭ

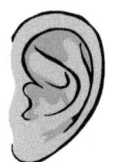

uvo

ጆሮ

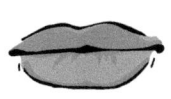

usna

ከንፈር

usta

አፍ

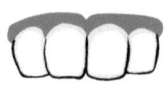

zub

ጥርስ

jezik

ምላስ

mozak

አንጎል

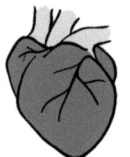

srce

ልብ

mišić

ጡንቻ

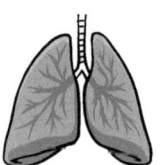

pluća

ሳምባ

jetra

ጉበት

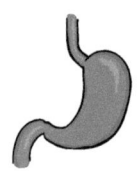

želudac

ሆድ

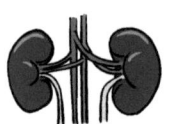

bubrezi

ኩላሊቶች

polni odnos

የግብረስጋ ግንኙነት

kondom

ኮንዶም

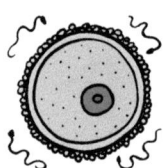

jajna ćelija

የሴት እንቁላል

sperma

የዘር ፈሳሽ

trudnoća

እርግዝና

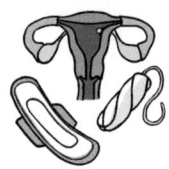

menstruacija

የወር አበባ

vagina

እምስ

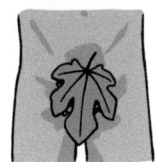

penis

ቁላ

obrva

ቅንድብ

kosa

ፀጉር

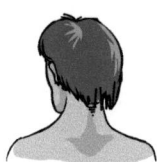

vrat

አንገት

bolnica
ሆስፒታል

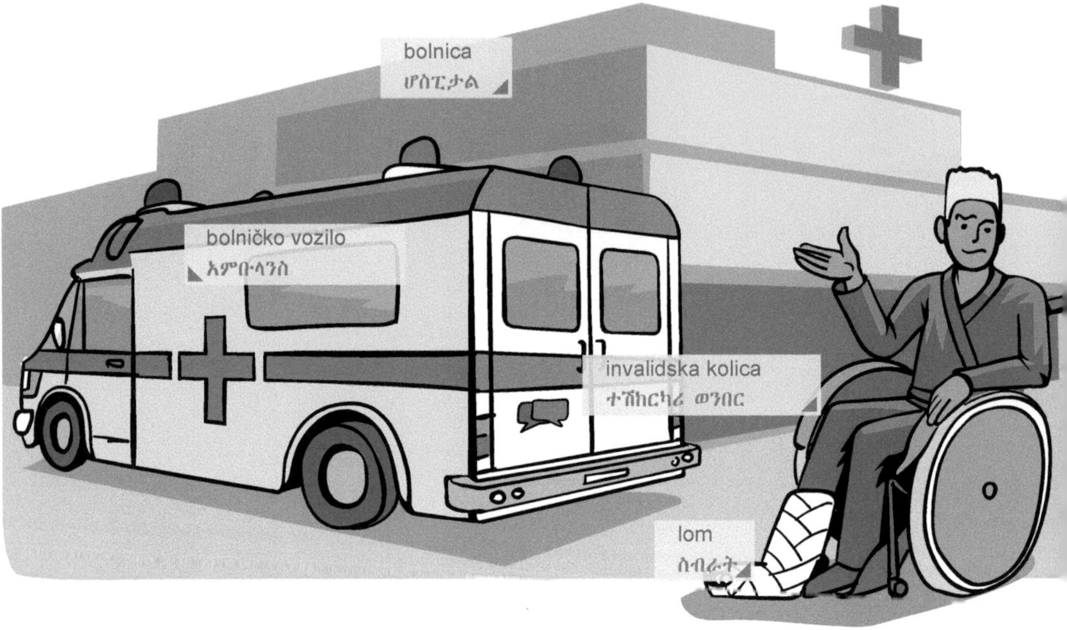

bolnica
ሆስፒታል
bolničko vozilo
አምቡላንስ
invalidska kolica
ተሽከርካሪ ወንበር
lom
ስብራት

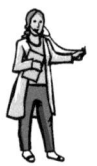

lekar

ዶክተር

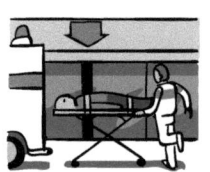

hitna medicinska služba

ድንገተኛ ክፍል

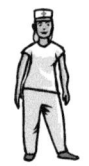

medicinska sestra

ነርስ

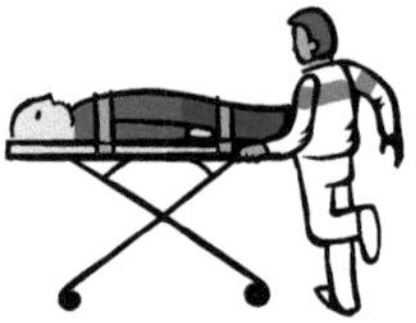

hitni slučaj

ድንገተኛ

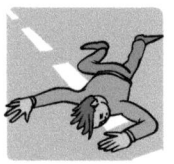

nesvest

ራስን መሳት/ አለማወቅ

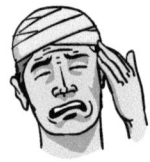

bol

ህመም

povreda

ጉዳት

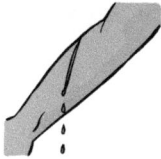

krvarenje

መድማት

srčani udar

የልብ ድካም

udar

ስትሮክ

alergija

አለርጂ

kašalj

ሳል

groznica

ትኩሳት

gripa

ኢንፍሎዌንዛ

proliv

ተቅማጥ

glavobolja

የራስ ምታት

rak

ካንሰር

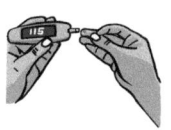

dijabetes

የስኳር በሽታ

hirurg

ቀዶ ጠጋኝ ሐኪም

skalpel

የቀዶ ጥገና ስለት

operacija

ቀዶ ጥገና

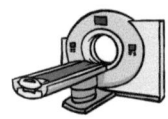

ct

ሲቲ

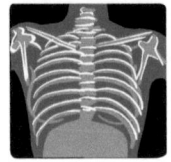

rentgen

ኤክስሬዮ

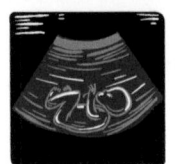

ultrazvuk

አልትራሳዉንድ

maska

የፊት ጭምብል

bolest

በሽታ

čekaona

መጠበቂያ ክፍል

štaka

ምርኩዝ

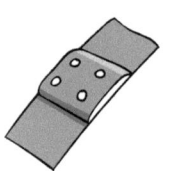

flaster

የቁስል ማሸጊያ

zavoj

ፋሻ

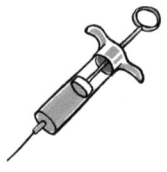

injekcija

መርፌ

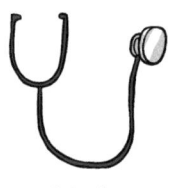

stetoskop

የልብ ምት ማዳመጫ መሳሪያ

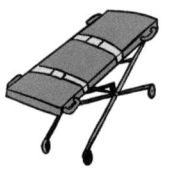

nosila

የበሽተኛ አልጋ

termometar

የህክምና ሙቀት መለኪያ መሳሪያ

rođenje

መውለድ

prekomerna težina

ከልክ ያለፈ ክብደት

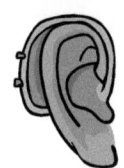

slušni aparat

ለመስማት የሚረዳ መሳሪያ

sredstvo za dezinfekciju

ፀረ ተባይ መድሀኒት

infekcija

ማመርቀዝ

virus

ቫይረስ

HIV / AIDS

ኤች አይቪ ኤድስ

medicina

ህክምና

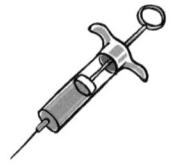

vakcinacija

ክትባት

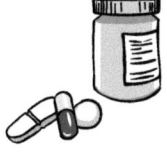

tablete

ኪኒን

pilula

ኪኒን

hitni poziv

አስቸኳይ የስልክ ጥሪ

uređaj za merenje pritiska

ደም ግፊት መቆጣጠሪያ

bolesno / zdravo

ህመም/ ጤንነት

hitni slučaj

ድንገተኛ

pomoć!

እርዳታ!

alarm

ማንቂያ ደዉል

nasrtaj

ጥቃት

napad

ድብደባ

opasnost

አደጋ

izlaz u slučaju nužde

የድንገተኛ መዉጫ

požar!

እሳት!

protivpožarni aparat

እሳት ማጥፊያ

nezgoda

አደጋ

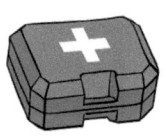

kutija prve pomoći

የመጀመሪያ እርዳታ መድሃኒት መያዣ

sos

ነፍስ አድን

policija

ፖሊስ

Evropa

አዉሮፓ

Severna Amerika

ሰሜን አሜሪካ

Južna Amerika

ደቡብ አሜሪካ

Afrika

አፍሪካ

Azija

እስያ

Australija

አዉስትራሊያ

Atlantik

አትላንቲክ

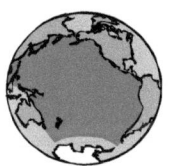

Pacifik

ፓስፊክ

Indijski okean

የህንድ ዉቅያኖስ

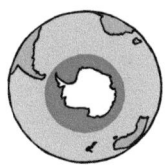

Antarktički okean

አንታርክቲክ ዉቅያኖስ

Arktički ocean

አርክቲክ ዉቅያኖስ

Severni pol

ሰሜን ዋልታ

Južni pol
ደቡብ ዋልታ

Antarktik
አንታርክቲካ

zemlja
ምድር

zemlja
መሬት

more
ባህር

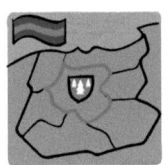

otok
ደሴት

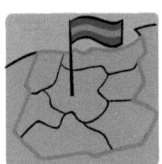

nacija
አገርና ህዝብ

država
መንግስት

sat

ሰዓት

brojčanik sata

የሰዓት ገፅታ

satna kazaljka

ሰዓት

minutna kazaljka

ደቂቃ

sekundna kazaljka

ሴኮንድ

Koliko je sati?

ስንት ሰዓት ነው?

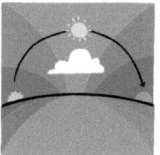

dan

ቀን

vreme

ጊዜ

sada

አሁን

digitalni sat

የቁጥር ሰዐት

minuta

ደቂቃ

čas

ሰዓታት

sedmica

ሳምንት

ponedeljak
ሰኞ
MO
utorak
ማክሰኞ
TU
sreda
ረቡዕ
W
četvrtak
ሐሙስ
TH
petak
FR
subota
ቅዳሜ
SA
nedelja
እሁድ
SO

juče

ትላንት

danas

ዛሬ

sutra

ነገ

jutro

ማለዳ

podne

ቀትር

veče

ምሽት

radni dani

የስራ ቀናት

vikend

የዕረፍት ቀናት

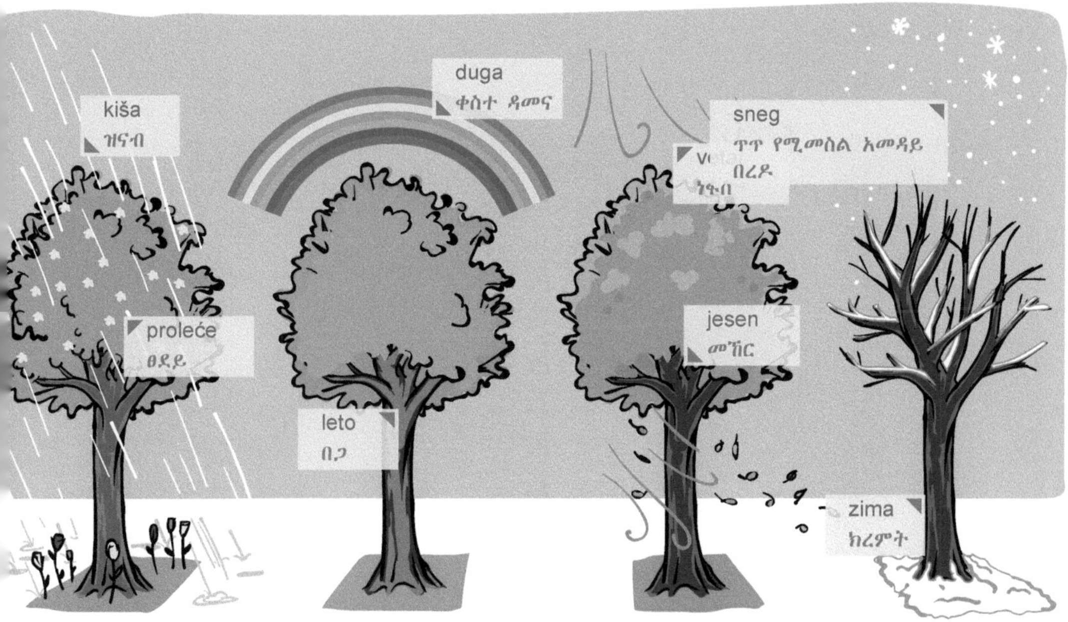

kiša

ዝናብ

duga

ቀስተ ዳመና

sneg

ጥጥ የሚመስል አመዳይ በረዶ

vetar

ንፋስ

proleće

ፀደይ

jesen

መከር

leto

በጋ

zima

ክረምት

4.APRIL	11°	☀
5.APRIL	4°	☁
6.APRIL	13°	⛈
7.APRIL	8°	☀
8.APRIL	10°	❄

meteorološka prognoza

የአየር ሁኔታ ትንበያ

termometar

የሙቀት መለኪያ

sunčana svetlost

የፀሀይ ሙቀት

oblak

ደመና

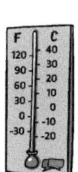

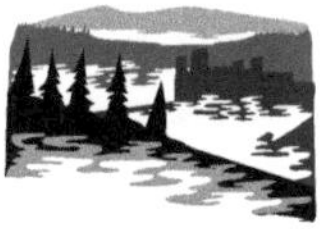

magla

ጭጋግ

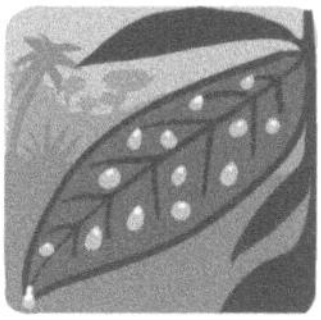

vlažnost vazduha

እርጥበታማነት

munja

መብረቅ

grmljavina

ነጎድጓድ

oluja

አዉሎ ንፋስ

tuča

የበረዶ ዝናብ

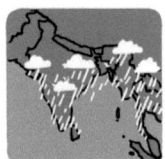

monsun

አዉሎ ንፋስ

poplava

ጎርፍ

led

በረዶ

januar

ጥር

februar

የካቲት

mart

መጋቢት

april

ሚያዚያ

maj

ግንቦት

juni

ሰኔ

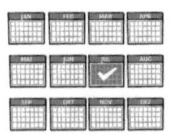

juli

ሐምሌ

avgust

ነሀሴ

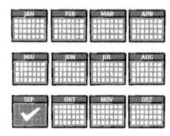

septembar

መስከረም

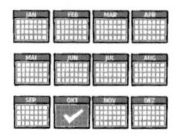

oktobar

ጥቅምት

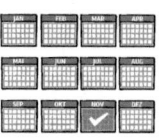

novembar

ህዳር

decembar

ታህሳስ

oblici

ቅርፆች

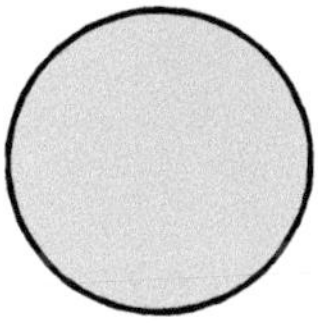

krug

ክብ

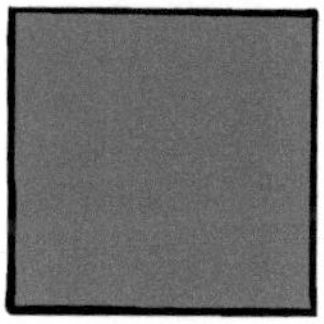

kvadrat

አራት ማዕዘን

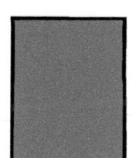

pravougao

አራት ቀጥተኛ ማዕዘኖች ጎኖች ያሉት ቅርፅ

trougao

ሶስት ማዕዘን

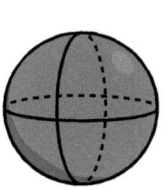

kugla

ሉል

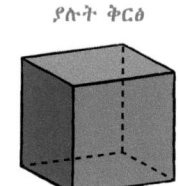

kocka

ስድስት ጎን ያለዉ ቅርፅ

boje

ቀለማት

bela

ነጭ

žuta

ቢጫ

narandžasta

ብርቱካናማ

ružičasta

ሮዝ

crvena

ቀይ

ljubičasta

ወይን ጠጅ

plava

ሰማያዊ

zelena

አረንጓዴ

smeđa

ቡኒ

siva

ግራጫ

crna

ጥቁር

suprotnosti

ተቃራኒዎች

mnogo / malo

ብዙ/ ጥቂት

ljutito / mirno

ንዴት/ እርጋታ

lepo / ružno

ቆንጆ/ አስቀያሚ

početak / kraj

ጅማሬ/ ፍፃሜ

veliko / maleno

ትልቅ/ ትንሽ

svetlo / tamno

ደማቅ/ ደብዛዛ

brat / sestra

ወንድም/ እህት

čisto / prljavo

ንፁህ/ ቆሻሻ

potpuno / nepotpuno

የተሟላ/ ያልተሟላ

dan / noć

ቀን/ ምሽት

mrtvo / živo

የሞተ/ ህያዉ

široko / usko

ሰፊ/ ጠባብ

jestivo / nejestivo

....

የሚበላ/ የማይበላ

zlo / dobro

....

ክፉ/ ደግ

uzbuđeno / dosadno

....

ደስተኛ/ ድብርተኛ

debelo / mršavo

....

ወፍራም/ ቀጭን

na početku / na kraju

....

መጀመርያ/ መጨረሻ

prijatelj / neprijatelj

....

ጓደኛ/ ጠላት

puno / prazno

....

ሙሉ/ ጎዶሎ

tvrdo / mekano

....

ጠንካራ/ ለስላሳ

teško / lagano

....

ከባድ/ ቀላል

glad / žeđ

....

ረሃብ/ ጥማት

bolesno / zdravo

....

ህመም/ ጤንነት

ilegalno / legalno

....

ህገወጥ/ ህጋዊ

pametno / glupo

....

ጎበዝ/ ደደብ

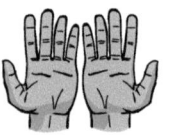

levo / desno

....

ግራ/ ቀኝ

blizu / daleko

....

ቅርብ/ ሩቅ

novo / polovno

አዲስ/ አሮጌ

ništa / nešto

ምንም/ የሆነ ነገር

staro / mlado

ሽማግሌ/ ወጣት

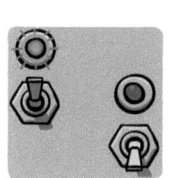

uključeno / isključeno

የበራ/ የጠፋ

otvoreno / zatvoreno

ክፍት/ ዝግ

tiho / glasno

ፀጥ ታ/ ጫጫታ

bogato / siromašno

ሃብታም/ ደሃ

tačno / pogrešno

ትክክለኛ/ የተሳሳተ

hrapavo / glatko

ሻካራ/ ለስላሳ

tužno / sretno

ሐዘን/ ደስታ

kratko / dugo

አጭር/ ረዥም

polako / brzo

ዝግተኛ/ ፈጣን

mokro / suho

እርጥብ/ ደረቅ

toplo / hladno

ሞቃት/ ቀዝቃዛ

rat / mir

ጦርነት/ ሰላም

brojevi

ቁጥሮች

0

nula

ዜሮ

1

jedan

አንድ

2

dva

ሁለት

3

tri

ሶስት

4

četiri

አራት

5

pet

አምስት

6

šest

ስድስት

7

sedam

ሰባት

8

osam

ስምንት

9

devet

ዘጠኝ

10

deset

አስር

11

jedanaest

አስራ አንድ

12

dvanaest

አስራ ሁለት

13

trinaest

አስራ ሶስት

14

četrnaest

አስራ አራት

15

petnaest

አስራ አምስት

16

šestnaest

አስራ ስድስት

17

sedamnaest

አስራ ሰባት

18

osamnaest

አስራ ስምንት

19

devetnaest

አስራ ዘጠኝ

20

dvadeset

ሃያ

100

stotinu

መቶ

1.000

hiljadu

ሺህ

1.000.000

milion

ሚሊዮን

jezici

ቋንቋዎች

engleski

እንግሊዝኛ

američki engleski

የአሜሪካ እንግሊዝኛ

mandarinski kineski

የቻይና ማንዳሪን

hindski

ሂንዱ

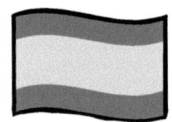

španski

ስፓኒሽ

francuski

ፍሬንች

arapski

አረብኛ

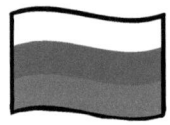

ruski

ራሺያኛ

portugalski

ፖርቹጊዝ

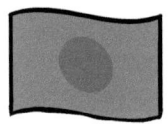

bengalski

ቤንጋሊ

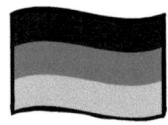

nemački

ጀርመን

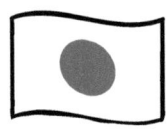

japanski

ጃፓንኛ

ko / šta / kako

ማን/ ምን/ እንዴት

ja

እኔ

ti

አንተ

on / ona / ono

እሱ/ እርሷ/ እቃዉ

mi

እኛ

vi

አንተ

oni

እነርሱ

Ko?

ማን?

Šta?

ምን?

Kako?

እንዴት?

Gde?

የት?

Kada?

መቼ?

ime

ስም

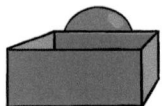

gde

የት

iza

በስተጀርባ

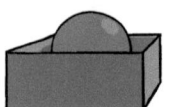

u

ዉስጥ

ispred

ከፊት ለፊት

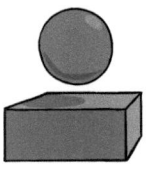

preko

ከላይ

na

ላይ

ispod

ከስር

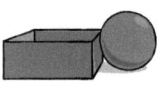

pored

አጠገብ

između

መሃከል

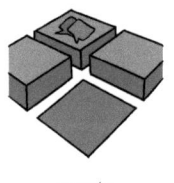

mesto

ቦታ